サンドイッチ
大庭英子

いつもの食パン、いつもの食材、
そしてちょっとしたこつで作る
一生ものの45レシピ

もくじ

ごちそうサンド

ホットサンド

スイーツサンド

この本の使い方

・野菜やくだものなどは、洗う、皮を
むく、へたを取るなどの基本的な下
準備を済ませてからの手順となってい
ます。分量のグラム数は皮や種など
を除いたあとの正味量です。

・電子レンジは600Wのものを使用し
ています。

・魚焼きグリルはガスコンロの両面焼
きを使用しています。片面焼きの場
合は途中で上下を返し、様子をみな
がら加熱時間を調節してください。

・塩は自然塩、しょうゆは濃口しょうゆ、
みそは信州みそ、みりんは本みりん、
酢は米酢、砂糖は上白糖、こしょう
は特に記載のない場合は黒こしょう、
バターは特に記載のない場合は有塩
バター、だし汁は昆布と削り節でとっ
たものを使用しています。

・食パンの種類、厚さは好みのもの
をご使用ください。ポケットサンドにし
ているものは食パン2枚ではさんでも
構いません。

・大さじ1は15㎖、小さじ1は5㎖、
ひとつまみは指3本でつまんだくらい
の量です。

は じ め に

「サンドイッチ」とひと口に言ってもさまざまなバリエーションがあります。アフタヌーンティーには欠かせないイギリスの由緒正しいサンドイッチ。バゲットにチーズやハムをはさむようなフランスのサンドイッチ。そんな中にあって日本のサンドイッチは、卵サンドを筆頭に、ハムやツナなどシンプルな具材を食パンにはさむというスタイルで、独自の進化を遂げてきました。それが今や「sando（サンド）」と呼ばれてヨーロッパやアメリカでも人気だというのだから、不思議なものです。

本書ではそうした「sando」的な、日本スタイルのシンプルなサンドイッチのレシピをご紹介します。具だくさんで洒落たものはパン屋さんで買っていただくものとして、自分で作っておいしいのは、やはりこうしたシンプルなサンドイッチでしょう。朝食や昼食にするだけでなく、お弁当やおやつ、夜食にもぴったり。覚えておいて損はないレシピばかりです。

だからこの本で使うパンはおなじみの食パンだけにしました。おいしいに越したことはありませんが、お好みの食パンをご使用ください。具材も「ごちそうサンド」（P56〜65）以外はできるだけ手近なものを選んでいます。気軽に作って、気軽に食べるのがいちばん。どうぞ長くご愛用ください。

ちょっとしたこつ

水分をしっかり拭く

・サンドイッチにとって水分は大敵。具材の水分がパンにしみ込むと食感が悪化します。

・野菜は清潔なふきんやペーパータオルでしっかり水けを拭き取ります。サラダスピナーがあると楽。水分が多いトマトやきゅうりなどは切ったあとに出た水分も拭き取って。

・サラダチキンや豚の角煮など、野菜以外の水けが多い具材にもご注意を。

バターはたっぷり塗る

・カロリーや脂質を気にして控えめにしがちですが、パンにはバターをたっぷり塗るのがおいしく仕上げるこつ。

・バターなどの油脂を塗ると具材の水分がパンにしみ込みにくくなります。パンと具材を密着させる効果も。

・バターは必ず室温に戻してやわらかくします。150〜300Wの電子レンジで様子をみながら10〜20秒ずつ加熱してやわらかくしてもOK。

具材をはさんだら
いったん落ち着かせる

・いったん落ち着かせることでパンと具材がなじみ、形が崩れにくくなります。サンドイッチにラップをかぶせ、ホーローバット2枚分くらいの重さの重しをのせ、2〜3分おけばOK。

・長時間おくと具材から水分が出てくるので、置きっぱなしには注意。具材がやわらかい場合などは手のひらで軽く押さえる程度で十分です。

・具材は厚みができるだけ均一になるようにのせてはさみましょう。

包丁を前後に
大きく動かして切る

・乾いたまな板とよく切れる包丁を用意し、サンドイッチを指で軽く押さえ、包丁を前後に大きく動かしながら切ります。切るごとに刃についたバターなどを濡れぶきんで拭き取ると仕上がりがきれいに。

・上から押し切るとパンや具材がつぶれてしまうのでNG。波刃のブレッドナイフは具材が引っかかるのでおすすめできません。

・サンドイッチの魅力のひとつはおいしそうな断面。どんな断面にするかを考えてから切るようにしましょう。

定番サンド

~いつもおいしい、ずっとおいしい~

卵サンド

材料と下準備（2人分）

食パン（8枚切り）…4枚

A
- ゆで卵…2個
  - ▶みじん切りにする
- 玉ねぎ（みじん切り）…大さじ1
- きゅうりのピクルス（みじん切り）…大さじ1
- マヨネーズ…大さじ2
- 塩…少々
- こしょう…少々

▶ゆで卵、玉ねぎ、ピクルス、マヨネーズを混ぜ、塩、こしょうで味を調える

ゆで卵…2個
▶厚さ5mmの輪切りにする

からしバター
- バター…大さじ4（約50g）
  - ▶室温に戻す
- マスタード…大さじ1/2〜1

▶バターを混ぜてクリーム状にし、マスタードを加えてよく混ぜる

◎ゆで卵は、室温に戻した卵とかぶるくらいの水を鍋に入れて熱し、沸騰してから8〜10分ゆでたものを使用。ゆで時間は好みでOK。

◎Aのマヨネーズは入れすぎるとゆるくなるので気をつけましょう。塩、こしょうで味を調える程度にして、さっぱりめに仕上げます。

作り方

1 すべての食パンの内側になる面にからしバターを塗る。食パン2枚にはさらにAを1/4量ずつ塗り、ゆで卵を並べ、残りのAを等分に塗る。残りの食パンを1枚ずつ重ねてはさむ。

2 手のひらで軽く押さえて落ち着かせる。食パンのみみを切り落とし、食べやすい大きさに切る。

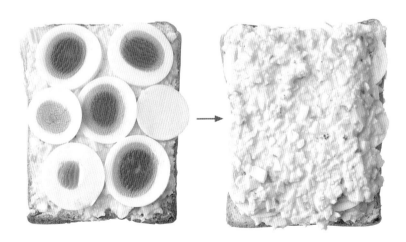

オムレツサンド

材料と下準備(2人分)

食パン(8枚切り)…4枚

A ┌ 卵…4個
　├ 生クリーム…大さじ2
　├ 塩…少々
　└ こしょう…少々

▶ボウルに卵を溶きほぐし、残りの材料を加えて混ぜる

ベビーリーフ…40g

バター…大さじ1

からしバター
　┌ バター…大さじ4(約50g)
　│ ▶室温に戻す
　└ マスタード…大さじ1/2〜1

▶バターを混ぜてクリーム状にし、
マスタードを加えてよく混ぜる

トマトケチャップ…大さじ2

マヨネーズ…大さじ2

◎オムレツにマヨネーズを塗り、ベビーリーフを密着させます。
◎Aの生クリームの代わりに牛乳で作る場合は、焼くときのバターの量を大さじ2にしてください。

作り方

1 卵焼き器(または小さめのフライパン)にバターを中火で溶かし、Aを流し入れ、大きく混ぜて焼く。半熟状になったら上下を返してさっと焼き、取り出して半分に切る。

2 すべての食パンの内側になる面にからしバターを塗る。食パン2枚にはさらにトマトケチャップを塗り、1をのせてマヨネーズを塗り、ベビーリーフをのせる。残りの食パンを1枚ずつ重ねてはさむ。

3 手のひらで軽く押さえて落ち着かせ、食べやすい大きさに切る。

オムレツをふんわりと仕上げるには生クリームを加えることがポイント。温かいうちにはさんでいただきましょう。

BLTサンド

材料と下準備(2人分)

山形食パン(8枚切り)…4枚

ベーコン…8〜10枚

レタス…大2枚

▶食パンの大きさに合わせて切る

トマト…1個

▶厚さ1cmの輪切りにする

きゅうりのピクルス…2本

▶縦薄切りにする

からしバター

  バター…大さじ3(約35g)

  ▶室温に戻す

  マスタード…小さじ1〜2

▶バターを混ぜてクリーム状にし、
マスタードを加えてよく混ぜる

塩、こしょう…各少々

トマトは断面の水分を
ペーパータオルで
丁寧に拭き取ります。
ベーコンは弱火で
ゆっくり焼いてカリッと!

作り方

1 フライパンにベーコンを並べて弱火で熱し、両面がカリカリになるまで焼き、ペーパータオルに取り出して余分な脂を取る。

2 食パンはオーブントースターで軽く焼く。

3 すべての食パンの内側になる面にからしバターを塗る。食パン2枚に**1**、レタス、トマト、ピクルスの順にのせ、塩、こしょうをふる。残りの食パンを1枚ずつ重ねてはさむ。

4 ラップをかぶせてバットなどをのせ、2〜3分おいて落ち着かせ、食べやすい大きさに切る。

ハムサンド

材料と下準備（2人分）

食パン（8枚切り）…4枚

ロースハム…6枚

きゅうり…1と1/2本
▶1本のものは長さを半分に
切ってから縦に幅3mmに切る

からしバター
| バター…大さじ4（約50g）
　▶室温に戻す
| マスタード…大さじ1/2〜1
▶バターを混ぜてクリーム状にし、
マスタードを加えてよく混ぜる

塩、こしょう…各少々

◎ハムは2枚を少しずらして全体に広げ
るようにのせ、きゅうりをはさんでから1枚
を中央にのせます。

作り方

1　すべての食パンの内側になる面にか
　らしバターを塗る。食パン2枚にハム
　を2枚ずつのせてきゅうりを並べ、塩、
　こしょうをふり、ハムを1枚ずつのせ
　る。残りの食パンを1枚ずつ重ねては
　さむ。

2　手のひらで軽く押さえて落ち着かせ
　る。食パンのみみを切り落とし、食べ
　やすい大きさに切る。

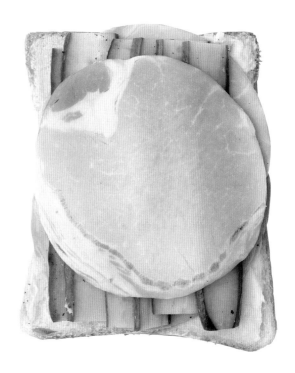

ハムと相性のよいきゅうりを
少し厚めに切って並べ、
全体にボリュームを出します。
水分が多いので、水けを
よく拭き取ってからはさみましょう。

ツナサンド

材料と下準備(2人分)

食パン(8枚切り)…4枚

A
- ツナ缶(油漬け)…2缶(140g)
  - ▶缶汁をきり、ほぐす
- セロリの茎(みじん切り)…50g
- セロリの葉(みじん切り)…大さじ2
- 玉ねぎ(みじん切り)…大さじ2
- きゅうりのピクルス(みじん切り)…大さじ2
- マヨネーズ…大さじ2
- こしょう…少々

▶混ぜる

グリーンカール…2枚

▶食パンの大きさに合わせて切る

からしバター
- バター…大さじ4(約50g)
  - ▶室温に戻す
- マスタード…大さじ1/2〜1

▶バターを混ぜてクリーム状にし、
マスタードを加えてよく混ぜる

◎Aにセロリを入れることでツナの味がマイルドにな
ります。

作り方

1 すべての食パンの内側になる面にか
  らしバターを塗る。食パン2枚にグリ
  ーンカールをのせ、Aを塗り、残りの
  食パンを1枚ずつ重ねてはさむ。

2 手のひらで軽く押さえて落ち着かせ、
  食べやすい大きさに切る。

ツナはあらかじめほぐしておくと、
ほかの材料となじみやすくなります。
もちろん缶汁はよくきりましょう。

サラダチキンサンド

材料と下準備（2人分）

食パン（8枚切り）…4枚

サラダチキン

  鶏胸肉（皮なし）…1枚（250g）

  ▶室温に戻す

    A ┌ 塩…小さじ1/2
    │ こしょう…少々
    │ 白ワイン（または酒）…大さじ1
    └ 水…100㎖

玉ねぎ（厚さ5㎜の輪切り）…6枚

スライスチーズ（モッツァレラ）…4枚

バジルの葉…8枚

ミニトマト…3個

  ▶厚さ5㎜の輪切りにする

バター…大さじ3（約35g）

  ▶室温に戻し、混ぜてクリーム状にする

粒マスタード…大さじ2

マヨネーズ…大さじ2

◎サラダチキンは全量使用。残った場合は蒸し汁ごと保存容器に移し、冷蔵保存してください。保存の目安は3〜4日です。市販品を使用しても構いません。

◎スライスチーズは好みのものでOK。

作り方

1 サラダチキンを作る。鍋に鶏肉を入れてAを順にふり、ふたをして弱めの中火で熱し、煮立ってきたら弱火にして10分ほど蒸し煮にする。火を止めてそのまま冷まし、水けを拭いて厚さ1㎝のそぎ切りにする。

2 食パンはオーブントースターで軽く焼く。

3 すべての食パンの内側になる面にバターを塗る。食パン2枚にはさらに粒マスタードを塗り、1を並べてマヨネーズを塗り、玉ねぎをのせる。半分に折るようにしたスライスチーズを2枚ずつのせ、バジルとミニトマトをバランスよく並べ、残りの食パンを1枚ずつ重ねてはさむ。

4 手のひらで軽く押さえて落ち着かせ、食べやすい大きさに切る。

サラダチキンは完全に冷ますときれいに切れます。表面にマヨネーズを塗ると、玉ねぎやバジルなどと密着しやすくなります。

野菜サンド
~シンプルに野菜を味わう~

にんじんは塩をふり、
余分な水分を出してから調味すると、
味がよくなじみます。

きゅうりを味わうシンプルなサンド。
スライサーで薄く切って重ねることで、
繊細な食感を楽しめます。

20

きゅうりサンド

材料と下準備（2人分）

食パン（12枚切り）…4枚

きゅうり…1と1/2本

▶1本のものは長さを半分に切ってから
スライサーで縦薄切りにする

からしバター

バター…大さじ3（約35g）

▶室温に戻す

マスタード…小さじ1〜2

▶バターを混ぜてクリーム状にし、
マスタードを加えてよく混ぜる

マヨネーズ…大さじ2

塩、こしょう…各少々

作り方

1 すべての食パンの内側になる面にからしバターを塗る。食パン2枚にはさらにマヨネーズを塗り、きゅうりを並べて塩、こしょうをふる。残りの食パンを1枚ずつ重ねてはさむ。

2 手のひらで軽く押さえて落ち着かせる。食パンのみみを切り落とし、食べやすい大きさに切る。

◎きゅうりは水分が出やすいので薄切りにしたあと水けを拭き取ってください。

キャロットラペサンド

材料と下準備（2人分）

ライ麦食パン（12枚切り）…4枚

キャロットラペ

にんじん…1本

▶スライサーで太めのせん切りにし、
塩小さじ1/3をまぶし、しんなりしたら
水けを絞る

A
┌ オリーブオイル…小さじ2
│ 白ワインビネガー（または酢）
│　　…小さじ1
└ こしょう…少々

イタリアンパセリ…適量

からしバター

バター…大さじ3（約35g）

▶室温に戻す

マスタード…小さじ1〜2

▶バターを混ぜてクリーム状にし、
マスタードを加えてよく混ぜる

クリームチーズ…35g

▶室温に戻す

◎クリームチーズもバター同様、室温に戻してやわらかくしてから塗りましょう。クリームチーズはさわやかさを演出しつつ、キャロットラペと食パンをおいしくつなぎます。
◎ライ麦食パンを使用しましたが、好みのもので構いません。

作り方

1 キャロットラペを作る。ボウルににんじんとAを入れ、混ぜる。

2 すべての食パンの内側になる面にからしバターを塗る。食パン2枚にはさらにクリームチーズを塗り、1をのせてイタリアンパセリをちぎりながら散らし、残りの食パンを1枚ずつ重ねてはさむ。

3 手のひらで軽く押さえて落ち着かせる。食パンのみみを切り落とし、食べやすい大きさに切る。

食パン、ズッキーニ、チーズの
食感の違いを楽しみましょう。
ズッキーニは軽く焼きます。

キャベツは切ってからゆでると
水っぽくなるので、ゆでてから切りましょう。
食感が残る程度に軽く火を通してください。

ズッキーニとチーズのサンド

材料と下準備（2人分）

胚芽食パン（12枚切り）…4枚

ズッキーニ…1本

▶長さを半分に切ってから縦に幅5mmに切る

スライスチーズ（ゴーダ）…2枚

オリーブオイル…大さじ1

塩…小さじ1/4

こしょう…少々

からしバター

　バター…大さじ3（約35g）

　▶室温に戻す

　マスタード…小さじ1〜2

▶バターを混ぜてクリーム状にし、
マスタードを加えてよく混ぜる

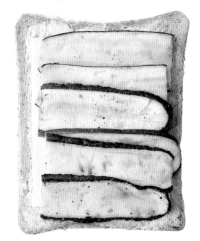

作り方

1　フライパンにオリーブオイルを中火で熱し、ズッキーニを並べて両面を焼く。焼き色がついたら塩、こしょうをふり、ペーパータオルに取り出して余分な水分を取る。

2　すべての食パンの内側になる面にからしバターを塗る。食パン2枚にスライスチーズ、**1**の順にのせ、残りの食パンを1枚ずつ重ねてはさむ。

3　手のひらで軽く押さえて落ち着かせる。食パンのみみを切り落とし、食べやすい大きさに切る。

キャベツの粒マスタードあえサンド

材料と下準備（2人分）

食パン（12枚切り）…4枚

キャベツ…3枚（200g）

A　マヨネーズ…大さじ1

　　粒マスタード…大さじ1

塩、こしょう…各少々

バター…大さじ3（約35g）

▶室温に戻し、混ぜてクリーム状にする

作り方

1　鍋に湯を沸かして塩少々（分量外）とキャベツを入れ、再び沸騰してから30秒〜1分ゆで、少ししんなりしたら冷水に取って冷まし、水けを拭く。太めのせん切りにして、さらに水けを絞る。

2　ボウルにAを入れて混ぜ、**1**を加えてあえ、塩、こしょうで味を調える。

3　すべての食パンの内側になる面にバターを塗る。食パン2枚に**2**をのせ、残りの食パンを1枚ずつ重ねてはさむ。

4　手のひらで軽く押さえて落ち着かせる。食パンのみみを切り落とし、食べやすい大きさに切る。

かぶは塩水にさらして
味をつけます。
ずらしながらのせて、
食感に変化を。

ブロッコリーは
かためにゆでて
歯ごたえを
残します。

ブロッコリーサンド

材料と下準備（2人分）

食パン（12枚切り）…4枚

ブロッコリー…150g
▶小房に分ける

A ┌ リコッタチーズ…60g
  └ マヨネーズ…大さじ1

塩、こしょう…各少々

からしバター
 ┌ バター…大さじ3（約35g）
 │ ▶室温に戻す
 └ マスタード…小さじ1〜2
▶バターを混ぜてクリーム状にし、
マスタードを加えてよく混ぜる

作り方

1　鍋に湯を沸かして塩少々（分量外）とブロッコリーを入れ、再び沸騰してから1分ほどゆでて冷水に取って冷まし、水けを拭いて粗みじん切りにする。

2　ボウルに1とAを入れて混ぜ、塩、こしょうで味を調える。

3　すべての食パンの内側になる面にからしバターを塗る。食パン2枚にはさらに2を塗り、残りの食パンを1枚ずつ重ねてはさむ。

4　手のひらで軽く押さえて落ち着かせる。食パンのみみを切り落とし、食べやすい大きさに切る。

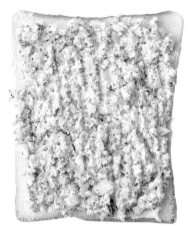

◎リコッタチーズの代わりにカッテージチーズでもおいしいです。

塩もみかぶサンド

材料と下準備（2人分）

食パン（12枚切り）…4枚

塩もみかぶ
 かぶの根…3個
 ▶薄い輪切りにし、ボウルに入れる
 かぶの葉…適量
 ▶みじん切りにし、小さめのボウルに入れる
 水…200㎖
 塩…小さじ1

▶水と塩を混ぜて塩水を作る。かぶの葉のボウルに少量（かぶるくらい）を注ぎ、残りはかぶの根のボウルに注ぎ、20分ほどおく。しんなりしたらそれぞれ水けを絞り、さらにペーパータオルで水けを拭く

わさびバター
 ┌ バター…大さじ3（約35g）
 │ ▶室温に戻す
 └ わさび（すりおろし）…小さじ2/3
▶バターを混ぜてクリーム状にし、
わさびを加えてよく混ぜる

◎塩もみかぶの代わりに市販品の千枚漬けを使用しても。

作り方

1　すべての食パンの内側になる面にわさびバターを塗る。食パン2枚に塩もみかぶの根、葉の順にのせ、残りの食パンを1枚ずつ重ねてはさむ。

2　手のひらで軽く押さえて落ち着かせる。食パンのみみを切り落とし、食べやすい大きさに切る。

きのこサンド

材料と下準備（2人分）

食パン（12枚切り）…4枚

きのこソテー

好みのきのこ（マッシュルーム、しいたけ、
エリンギなど）…合わせて250g
▶マッシュルームとしいたけは幅5mmに切り、
エリンギは長さ3cmに切ってから縦に幅5mmに切る

オリーブオイル…大さじ2

A ┌ 塩…小さじ1/3
　├ こしょう…少々
　└ レモン果汁…少々

からしバター

バター…大さじ3（約35g）
▶室温に戻す
マスタード…小さじ1〜2
▶バターを混ぜてクリーム状にし、
マスタードを加えてよく混ぜる

作り方

1　きのこソテーを作る。フライパンにオ
リーブオイルを弱めの中火で熱し、き
のこを水けを飛ばすようにゆっくり炒
め、焼き色がついたらAを順にふって
混ぜ、取り出して粗熱をとる。

2　すべての食パンの内側になる面にか
らしバターを塗る。食パン2枚に1を
のせ、残りの食パンを1枚ずつ重ね
てはさむ。

3　手のひらで軽く押さえて落ち着かせ
る。食パンのみみを切り落とし、食べ
やすい大きさに切る。

きのこの種類は好みで。1種類でも大丈夫です。弱めの火加減でゆっくり炒めると、風味が増し、水っぽくなりません。

おかずサンド

～いつものおかずをサンドイッチに～

ドライカレーサンド

材料と下準備(2人分)

食パン(4枚切り)…2枚
▶半分に切り、切り口から深い切り込みを
入れてポケット状にする

ドライカレー
　合いびき肉(赤身)…200g
　玉ねぎ…1/2個
　▶みじん切りにする
　にんにく…小1かけ
　▶みじん切りにする
　トマト…小1個
　▶横半分に切って種を取り、粗みじん切りにする
　サラダ油…大さじ1
　カレー粉…大さじ1と1/2
　小麦粉…大さじ1
　塩…小さじ1/2
ゆで卵…1個
▶厚さ5mmの輪切りにする
なす…2本
▶厚さ1cmの輪切りにする
オリーブオイル…大さじ1
バター…大さじ3(約35g)
▶室温に戻し、混ぜてクリーム状にする

◎ドライカレーが残った場合は保存容器に移して
冷まし、冷蔵保存してください。保存の目安は2〜3
日です。
◎食パンは包丁がみみに当たるところまで切り込み
を入れると具材が詰めやすいです。焼いてから切り
込みを入れると割れやすくなります。
◎ゆで卵は、室温に戻した卵とかぶるくらいの水を
鍋に入れて熱し、沸騰してから10分ほどゆでたもの
を使用。ゆで時間は好みでOK。

作り方

1　ドライカレーを作る。フライパンにサラ
　ダ油を中火で熱し、玉ねぎとにんにく
　を炒め、しんなりしたらひき肉を加え、
　ほぐすように炒め合わせる。ひき肉が
　ぽろぽろになったらカレー粉と小麦
　粉をふり入れて炒め合わせ、トマトを
　加えて混ぜる。煮立ってきたら塩を加
　え、ふたをして弱火で10〜15分煮
　る。
2　別のフライパンにオリーブオイルを中
　火で熱し、なすを並べ、しんなりするま
　で両面を焼く。
3　食パンはオーブントースターで軽く焼
　く。
4　食パンのポケットの内側にバターを
　塗り、1、2、ゆで卵を詰める。

ポケット状にしました。
ドライカレーは小麦粉でとろみをつけ、
食パンに水分が移りにくいようにします。
温かいうちに詰めましょう。

豚肉には片栗粉を
まぶして焼き、
水けを抑えて
います。

じゃがいもは強火で
手早くしゃきっと
炒めましょう。

コンビーフとじゃがいものサンド

材料と下準備(2人分)

食パン(8枚切り)…4枚
コンビーフ…100g
▶ほぐす
じゃがいも…2個
▶スライサーでせん切りにし、さっと洗って水けを拭く
ルッコラ…適量
▶長さ5cmに切る
オリーブオイル…大さじ1
塩、こしょう…各少々

からしバター
　バター…大さじ4(約50g)
　▶室温に戻す
　マスタード…大さじ1/2〜1
▶バターを混ぜてクリーム状にし、マスタードを加えてよく混ぜる
トマトケチャップ…大さじ2

◎コンビーフは冷蔵や冷凍のものは室温に戻します。

作り方

1 フライパンにオリーブオイルを強火で熱し、じゃがいもをさっと炒め、塩、こしょうをふって取り出し、粗熱をとる。
2 すべての食パンの内側になる面にからしバターを塗る。食パン2枚にはさらにトマトケチャップを塗り、1、コンビーフ、ルッコラの順にのせる。残りの食パンを1枚ずつ重ねてはさむ。
3 ラップをかぶせてバットなどをのせ、2〜3分おいて落ち着かせ、食べやすい大きさに切る。

豚肉のしょうが焼きサンド

材料と下準備(2人分)

食パン(8枚切り)…4枚
豚ロース薄切り肉
　(しょうが焼き用)…6枚(200g)
▶筋を切り、焼く直前に片栗粉適量をまぶし、余分な粉は落とす
キャベツ…2枚(120g)
サラダ油…大さじ1/2＋大さじ1/2
酒…大さじ2
A ┌ しょうが(すりおろし)…小さじ1
　├ しょうゆ…大さじ2
　├ みりん…大さじ1
　└ 砂糖…大さじ1/2

◎キャベツはゆでてせん切りにすることで豚肉のしょうが焼きとなじみやすくなります。

からしバター
　バター…大さじ4(約50g)
　▶室温に戻す
　マスタード…大さじ1/2〜1
▶バターを混ぜてクリーム状にし、マスタードを加えてよく混ぜる

作り方

1 鍋に湯を沸かして塩少々(分量外)とキャベツを入れ、再び沸騰してから30秒〜1分ゆで、少ししんなりしたら冷水に取って冷まし、水けを拭く。せん切りにして、さらに水けを絞る。
2 フライパンにサラダ油大さじ1/2を強めの中火で熱し、豚肉3枚を並べ、両面に焼き色がつくまで焼いて取り出す。サラダ油大さじ1/2をたし、残りの豚肉も同様に焼く。取り出した豚肉を戻し、弱めの中火にして酒をふり、Aを加えてフライパンを揺すりながらからめる。
3 すべての食パンの内側になる面にからしバターを塗る。食パン2枚に1、2の順にのせ、残りの食パンを1枚ずつ重ねてはさむ。
4 ラップをかぶせてバットなどをのせ、2〜3分おいて落ち着かせ、食べやすい大きさに切る。

タンドリーチキンサンド

材料と下準備(2人分)

食パン(8枚切り)…4枚

タンドリーチキン

鶏もも肉…大1枚(350g)
▶皮目を下にして横長に置き、筋を切るように
浅い切り込みを4〜5本入れ、半分に切る

A
┌ プレーンヨーグルト(無糖)…100g
│ 玉ねぎ(すりおろし)…大さじ2
│ にんにく(すりおろし)…小1/2かけ分
│ レモン果汁…大さじ1
│ カレー粉…大さじ1
│ オリーブオイル…大さじ1
└ 塩…小さじ2/3
▶ボウルにAを入れて混ぜ、鶏肉を加えてからめ、
ラップをして30分〜1時間漬ける

パプリカ(赤)…1個
▶縦半分に切り、オリーブオイル大さじ1/2をまぶす

玉ねぎ…小1/2個
▶縦薄切りにして冷水にさらし、パリッとしたら水けをよくきる

バター…大さじ3(約35g)
▶室温に戻し、混ぜてクリーム状にする

◎タンドリーチキンは切らずにそのまま豪快にはさんで
も。残った場合は保存容器に移し、冷蔵保存してくださ
い。保存の目安は2〜3日です。

作り方

1 魚焼きグリルを強火で熱し、タンドリー
チキンの鶏肉の皮目を上にしてのせ、
パプリカも並べ、火が通るまで10分ほ
ど焼く。鶏肉は粗熱がとれたら厚さ1cm
のそぎ切りにする。パプリカは焦げた
薄皮をむき、縦に幅1.5cmに切る。

2 食パンはオーブントースターで軽く焼く。

3 すべての食パンの内側になる面にバ
ターを塗る。食パン2枚に鶏肉、玉ね
ぎ、パプリカの順にのせ、残りの食パ
ンを1枚ずつ重ねてはさむ。

4 ラップをかぶせてバットなどをのせ、2
〜3分おいて落ち着かせ、食べやす
い大きさに切る。

鶏肉はヨーグルトに漬けることでジューシーに焼き上がります。パプリカはオリーブオイルをまぶして焼くと高温になり、薄皮が焦げてむきやすくなり、甘みが増します。

えびマヨサンド

材料と下準備（2人分）

食パン（8枚切り）…4枚

えびマヨ

　むきえび（小）…200g

　▶背に切り込みを入れ、背わたを取る。
　酒大さじ1、ごま油小さじ1、塩少々をからめ、
　炒める直前に片栗粉大さじ2を混ぜる

　サラダ油…大さじ2

　┌ マヨネーズ…大さじ4

　│ 生クリーム（または牛乳）…大さじ1〜2

A│ トマトケチャップ…小さじ1

　│ 塩…少々

　└ こしょう…少々

レタス…2〜3枚

▶食パンの大きさに合わせて切る

香菜…適量

からしバター

　バター…大さじ4（約50g）

　▶室温に戻す

　マスタード…大さじ1/2〜1

▶バターを混ぜてクリーム状にし、
マスタードを加えてよく混ぜる

作り方

1　えびマヨを作る。フライパンにサラダ
　油を中火で熱し、えびを炒め、色が変
　わったらふたをして1〜2分蒸し焼き
　にする。

2　ボウルにAを入れて混ぜ、1を加えて
　あえる。えびマヨのでき上がり。

3　すべての食パンの内側になる面にか
　らしバターを塗る。食パン2枚にレタ
　ス、2の順にのせ、香菜をちぎりなが
　ら散らし、残りの食パンを1枚ずつ重
　ねてはさむ。

4　手のひらで軽く押さえて落ち着かせ、
　食べやすい大きさに切る。

えびは炒める直前に片栗粉を混ぜ、水分を閉じ込めます。火を通しすぎず、食感よく仕上げましょう。マヨネーズ多めのソースであえ、食パンになじませます。

バインミー風サンド

材料と下準備（2人分）

食パン（8枚切り）…4枚

牛肉のナンプラーあえ

  牛もも薄切り肉（しゃぶしゃぶ用）…150g

  A
  ┌ 赤唐辛子（輪切り）…1本分
  │ ごま油…大さじ1
  │ ナンプラー…大さじ2/3
  └ レモン果汁…大さじ1/2

なます

  B
  ┌ 大根（せん切り）…100g
  └ にんじん（せん切り）…30g

  ▶大根とにんじんを合わせ、塩小さじ1/2をまぶして
20分ほどおき、しんなりしたら水けを絞る

  C
  ┌ 酢…大さじ2
  └ 砂糖…小さじ1

レタス…2枚

▶食パンの大きさに合わせて切る

香菜…適量

からしバター

  バター…大さじ4（約50g）

  ▶室温に戻す

  マスタード…大さじ1/2〜1

▶バターを混ぜてクリーム状にし、
マスタードを加えてよく混ぜる

◎なますの大根とにんじんは塩をまぶし、余分な水
分を抜いてから調味します。

作り方

1 牛肉のナンプラーあえを作る。鍋に
湯を沸かして火を止め、牛肉を入れ
て混ぜ、色が変わったら水に取って
冷まし、水けを拭く。

2 ボウルにAを入れて混ぜ、**1**を加えて
あえる。牛肉のナンプラーあえので
き上がり。

3 なますを作る。別のボウルにCを入れ
て混ぜ、Bを加えてあえる。

4 すべての食パンの内側になる面にか
らしバターを塗る。食パン2枚にレタ
ス、**2**の順にのせ、さらに**3**の汁けをき
ってのせ、香菜をちぎりながら散ら
す。残りの食パンを1枚ずつ重ねては
さむ。

5 手のひらで軽く押さえて落ち着かせ、
食べやすい大きさに切る。

牛肉は、脂肪が多い部位をゆでて冷ますと脂っぽくなるので、赤身が多い部位がおすすめ。ゆですぎないようにしつつ、冷めたら水けを拭くことも忘れずに。

とんかつの温め直しは
オーブントースターで。
衣がカリッとします。

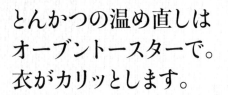

メンチかつは
食パンからちょっと
はみ出すくらいのイメージで。

揚 げ も の サ ン ド
~ボリューム満点!~

かつサンド

材料と下準備（2人分）
食パン（8枚切り）…4枚
ロースとんかつ（市販品）…2枚
キャベツ…大1枚（80g）
▶せん切りにして冷水にさらし、
パリッとしたら水けをよくきる
とんかつ用ソース…大さじ4
からしバター
　バター…大さじ3（約35g）
　▶室温に戻す
　マスタード…小さじ1〜2
▶バターを混ぜてクリーム状にし、
マスタードを加えてよく混ぜる

作り方
1　とんかつはオーブントースターで温め、温
　かいうちにとんかつ用ソースを全体にか
　らめる。
2　食パンはオーブントースターで軽く焼く。
3　すべての食パンの内側になる面にからし
　しバターを塗る。食パン2枚にキャベツ、
　1の順にのせ、残りの食パンを1枚ずつ
　重ねてはさむ。
4　ラップをかぶせてバットなどをのせ、2〜
　3分おいて落ち着かせ、食べやすい大き
　さに切る。

◎せん切りにしたキャベツはサラダスピナー
で水けをきると楽。ない場合はペーパータオ
ルやふきんで水けをよく拭きましょう。

メンチかつサンド

材料と下準備（2人分）
食パン（8枚切り）…4枚
メンチかつ（市販品）…小4個
グリーンカール…2枚
▶食パンの大きさに合わせて切る
からしバター
　バター…大さじ3（約35g）
　▶室温に戻す
　マスタード…小さじ1〜2
▶バターを混ぜてクリーム状にし、
マスタードを加えてよく混ぜる
マヨネーズ…大さじ1
とんかつ用ソース…適量

◎メンチかつの代わりにコロッケで
作ってもおいしいです。

作り方
1　メンチかつはオーブントースターで温め
　る。
2　食パンはオーブントースターで軽く焼く。
3　すべての食パンの内側になる面にからし
　しバターを塗る。食パン2枚にグリーンカ
　ールをのせてマヨネーズを塗り、1をの
　せてとんかつ用ソースをかける。残りの
　食パンを1枚ずつ重ねてはさむ。
4　ラップをかぶせてバットなどをのせ、2〜
　3分おいて落ち着かせ、食べやすい大き
　さに切る。

えびフライサンド

材料と下準備（2人分）

食パン（8枚切り）…4枚

えびフライ

> えび…6尾
> ▶殻をむいて尾を取り、まっすぐになるように尾に向かって竹串を刺し、塩・こしょう各少々をふる
>
> 小麦粉、溶き卵、パン粉…各適量
>
> 揚げ油…適量

グリーンアスパラガス…4本
▶ピーラーで根元に近い部分の皮をむき、食パンの大きさに合わせて長さを切る

からしバター

> バター…大さじ4（約50g）
> ▶室温に戻す
>
> マスタード…大さじ1/2〜1
> ▶バターを混ぜてクリーム状にし、マスタードを加えてよく混ぜる

マヨネーズ…大さじ2＋適量

作り方

1 えびフライを作る。えびは小麦粉、溶き卵、パン粉の順に衣をつける。フライパンに揚げ油を中温（170〜180℃）に熱し、えびを入れ、途中で返して1〜2分揚げる。カリッとしたら取り出して油をきり、冷めたら竹串を抜く。

2 鍋に湯を沸かして塩少々（分量外）とアスパラガスを入れ、再び沸騰してから1分ほどゆでて冷水に取って冷まし、水けを拭く。

3 すべての食パンの内側になる面にからしバターを塗る。食パン2枚にはさらにマヨネーズを大さじ1ずつ塗り、1と2を交互に並べ、マヨネーズ適量をかける。残りの食パンを1枚ずつ重ねてはさむ。

4 手のひらで軽く押さえて落ち着かせる。食パンのみみを切り落とし、食べやすい大きさに切る。

えびとアスパラガスはできるだけ同じくらいの
太さのものを使うとバランスよくはさめます。
並べやすいよう、えびには竹串を刺して
まっすぐにした状態で揚げましょう。

サーモンフライサンド

材料と下準備（2人分）

食パン（8枚切り）…4枚

サーモンフライ

生鮭（切り身）…2切れ

▶あれば骨を取り除き、長さを半分に切ってから厚みを半分に切り、塩・こしょう各少々をふる

小麦粉、溶き卵、パン粉…各適量

揚げ油…適量

ブロッコリースプラウト…50g

からしバター

バター…大さじ4（約50g）

▶室温に戻す

マスタード…大さじ1/2〜1

▶バターを混ぜてクリーム状にし、マスタードを加えてよく混ぜる

A ┌ マヨネーズ…大さじ3
  └ トマトケチャップ…大さじ1

▶混ぜる

◎Aの代わりにタルタルソース（P45参照）でも合います。

作り方

1 サーモンフライを作る。鮭は小麦粉、溶き卵、パン粉の順に衣をつける。フライパンに揚げ油を中温（170〜180℃）に熱し、鮭を入れ、途中で返して2〜3分揚げる。カリッとしたら取り出し、油をきる。

2 すべての食パンの内側になる面にからしバターを塗る。食パン2枚にブロッコリースプラウト、1の順にのせ、Aをかける。残りの食パンを1枚ずつ重ねてはさむ。

3 手のひらで軽く押さえ、落ち着かせる。

鮭は長さと厚みを切り、
はさみやすく、食べやすくします。
ブロッコリースプラウトの代わりに
レタスやキャベツでもよく合うでしょう。

チキン南蛮サンド

材料と下準備(2人分)

食パン(4枚切り)…2枚
▶半分に切り、切り口から深い切り込みを入れてポケット状にする

ささみの天ぷら
┌ 鶏ささみ…4本
│ ▶あれば筋を取り除き、長さを斜め半分に切って塩・こしょう各少々をふる
│ ┌ 小麦粉…大さじ4
│ A │ 冷水…大さじ3
│ └ 塩…ひとつまみ
│ ▶混ぜる
└ 揚げ油…適量

タルタルソース
┌ ゆで卵(みじん切り)…1個分
│ パセリ(みじん切り)…大さじ1
│ マヨネーズ…大さじ1と1/2
│ 塩…少々
└ こしょう…少々
▶混ぜる

レタス…1枚
▶食パンの大きさに合わせて切る

きゅうり…1/3本
▶斜め薄切りにする

からしバター
┌ バター…大さじ3(約35g)
│ ▶室温に戻す
└ マスタード…小さじ1〜2
▶バターを混ぜてクリーム状にし、マスタードを加えてよく混ぜる

作り方

1 ささみの天ぷらを作る。フライパンに揚げ油を中温(170〜180℃)に熱し、ささみをAにくぐらせて入れ、途中で返して2分ほど揚げる。カリッとしたら取り出し、油をきる。

2 食パンのポケットの内側にからしバターを塗り、タルタルソースを少量入れる。レタス、きゅうり、1を詰め、残りのタルタルソースをかける。

◎タルタルソースのゆで卵は、室温に戻した卵とかぶるくらいの水を鍋に入れて熱し、沸騰してから10分ほどゆでたものを使用。市販品のタルタルソースでもOK。

衣に塩を少量入れることで天ぷらに味がつき、タルタルソースとのなじみがよくなります。ポケット状にした食パンに、具をぐいぐい詰めましょう。包丁がみみに当たるところまで切り込みを入れます。

かき揚げサンド

材料と下準備(2人分)

食パン(8枚切り)…4枚

かき揚げ
- 桜えび…10g
- 玉ねぎ…1/4個
  ▶縦薄切りにする
- にんじん…25g
  ▶せん切りにする
- 豆苗…30g
  ▶長さを3等分に切る
- 小麦粉…大さじ1/2
- A
  - 小麦粉…大さじ4
  - 冷水…大さじ4
  - 塩…少々
  ▶混ぜる
- 揚げ油…適量

からしバター
- バター…大さじ3(約35g)
  ▶室温に戻す
- マスタード…小さじ1〜2
▶バターを混ぜてクリーム状にし、マスタードを加えてよく混ぜる
- B
  - マヨネーズ…大さじ2
  - しょうゆ…小さじ1
▶混ぜる

◎食パンはトーストするのがおすすめ。香ばしい食パンとサクサクのかき揚げがよく合います。

◎市販品のかき揚げを使うときはオーブントースターで温め直してからはさんでください。

作り方

1 かき揚げを作る。ボウルに桜えび、玉ねぎ、にんじん、豆苗を入れ、小麦粉をふって混ぜる。さらにAを加え、さっくり混ぜる。

2 フライパンに揚げ油を中温(170〜180℃)に熱し、穴あきお玉で1の1/2量をすくって薄い円形に整え、そっと入れる。残りも同様に入れ、途中で返して2〜3分揚げる。カリッとしたら取り出し、油をきる。かき揚げのでき上がり。

3 食パンはオーブントースターで軽く焼く。

4 すべての食パンの内側になる面にからしバターを塗る。食パン2枚に2をのせ、Bをかけ、残りの食パンを1枚ずつ重ねてはさむ。

5 手のひらで軽く押さえて落ち着かせ、食べやすい大きさに切る。

かき揚げは薄めの衣で揚げてカリッとさせます。野菜はお好みのものでOK。もちろん市販品のかき揚げでも。

和 風 サ ン ド
~意外な組み合わせ、意外なおいしさ~

きんぴらサンド

材料と下準備（2人分）

食パン（8枚切り）…4枚

きんぴら

　ごぼう…2本（150g）
　▶斜め薄切りにしてからせん切りにし、
　さっと洗って水けをきる
　にんじん…30g
　▶せん切りにする
　赤唐辛子（輪切り）…1本分
　ごま油…大さじ1
　┌ だし汁…100㎖
　│ みりん…大さじ1
　A 砂糖…小さじ1
　└ しょうゆ…大さじ1と1/2
　いりごま（白）…少々

きゅうり…1本
▶斜め薄切りにしてからせん切りにする

からしバター

　バター…大さじ4（約50g）
　▶室温に戻す
　マスタード…大さじ1/2～1
▶バターを混ぜてクリーム状にし、
マスタードを加えてよく混ぜる

◎きゅうりは水分が出やすいので、せん切り
にしたあと水けを拭き取ってください。

作り方

1　きんぴらを作る。フライパンにごま油を中火で熱し、ごぼうを炒め、全体に油が回ったら赤唐辛子を加えてさっと炒め合わせる。Aを順に加えて混ぜ、煮立ってきたら弱めの中火にして3分ほど煮る。にんじんを加えて汁けを飛ばすように炒め合わせ、最後にいりごまをふって混ぜる。

2　ボウルに1を入れ、粗熱がとれたらきゅうりを加えて混ぜる。

3　すべての食パンの内側になる面にからしバターを塗る。食パン2枚に2をのせ、残りの食パンを1枚ずつ重ねてはさむ。

4　ラップをかぶせてバットなどをのせ、2～3分おいて落ち着かせる。食パンのみみを切り落とし、食べやすい大きさに切る。

きんぴらにきゅうりを混ぜることで
食パンとの相性がぐんとアップ。
にんじんは軽く炒めて食感を残します。

ゆずみそ風味の
照り焼きチキンサンド

材料と下準備(2人分)

食パン(8枚切り)…4枚

照り焼きチキン

鶏もも肉…大1枚(350g)
▶室温に戻し、皮目を下にして横長に置き、筋を切るように浅い切り込みを4～5本入れる

サラダ油…少々

酒…大さじ2

A ┌ ゆずの皮(すりおろし)…少々
　│ みりん…大さじ2
　│ みそ…大さじ1と1/2
　└ 砂糖…大さじ1/2
▶混ぜる

水菜…60g
▶長さ4cmに切る

ゆずの皮…1/2個分
▶すりおろす。少々を取り分け、照り焼きチキンのAに加える

バター…大さじ3(約35g)
▶室温に戻し、混ぜてクリーム状にする

◎みそは焦げやすいので鶏肉にしっかり火が通ったところで調味料を加え、手早くからめます。
◎ゆずの皮の代わりにレモンの皮やしょうがでも合います。

作り方

1　照り焼きチキンを作る。フライパンにサラダ油を中火で熱し、鶏肉の皮目を下にして入れ、フライ返しで押さえながら4～5分焼く。上下を返して4～5分焼き、ふたをして弱火で3～4分蒸し焼きにする。ふたを取って酒をふり、Aを加え、フライパンを揺すりながらからめる。取り出して粗熱をとり、半分に切る。

2　食パンはオーブントースターで軽く焼く。

3　すべての食パンの内側になる面にバターを塗る。食パン2枚に水菜、1の順にのせ、ゆずの皮を散らし、残りの食パンを1枚ずつ重ねてはさむ。

4　ラップをかぶせてバットなどをのせ、2～3分おいて落ち着かせ、食べやすい大きさに切る。

鶏肉は焼く30分ほど前に冷蔵室から出しておきましょう。中まで均一に火が通り、おいしく仕上がります。

だし巻き卵サンド

材料と下準備(2人分)

食パン(8枚切り)…4枚

A
- 卵…5個
- だし汁…大さじ5
- みりん…大さじ1
- 砂糖…大さじ1
- 薄口しょうゆ(またはしょうゆ)…小さじ1/2

▶ボウルに卵を溶きほぐし、残りの材料を加えて混ぜる

サラダ油…適量

▶ペーパータオルにしみ込ませる

からしバター
- バター…大さじ4(約50g)
  ▶室温に戻す
- マスタード…大さじ1/2〜1

▶バターを混ぜてクリーム状にし、マスタードを加えてよく混ぜる

マヨネーズ…大さじ2

◎Aを卵5個、だし汁大さじ5、薄口しょうゆ小さじ1/2、塩少々にして、甘みのないのだし巻き卵にしても。

作り方

1　だし巻き卵は2回に分けて、食パンの大きさになるように作る。卵焼き器にサラダ油を塗って中火で熱し、Aの1/6量を流し入れ、大きく混ぜる。半熟状になったら弱めの中火にし、向こう側から手前に向かって1〜2回折り返し、向こう側に寄せる。あいたところにサラダ油を塗り、Aの1/6量を流し入れ、巻いた卵の下にも流し、半熟状になったら1〜2回折り返し、向こう側に寄せる。これをもう一度繰り返して焼き、取り出す。残りも同様に焼く。

2　すべての食パンの内側になる面にからしバターを塗る。食パン2枚にはさらにマヨネーズを塗り、1をのせ、残りの食パンを1枚ずつ重ねてはさむ。

3　手のひらで軽く押さえて落ち着かせる。食パンのみみを切り落とし、食べやすい大きさに切る。

だし巻き卵は食パンのサイズに合わせて大きめに焼きます。食パンや卵焼き器のサイズによって折り返し方の調節を。温かいうちに食べるのがおすすめです。

意外な組み合わせですが、
パンにわさびバターを塗ると、
刺し身ともなじみます。

宮崎県の郷土料理をアレンジ。
味のベースとなるみそや豆腐は、
ペースト状にし、サンドイッチ仕様に。

刺し身サンド

材料と下準備（2人分）

食パン（8枚切り）…4枚

白身魚の刺し身（さく）…150g
▶薄いそぎ切りにし、しょうゆ大さじ1と
みりん大さじ1/2をからめて10分ほどおく

A ┌ 大根…30g
  │ にんじん…20g
  └ きゅうり…1/2本
▶野菜はそれぞれスライサーで細めのせん切り
にして冷水にさらし、パリッとしたら水けをよくきる

焼きのり（全形）…1/2枚
▶半分に切る

わさびバター
  ┌ バター…大さじ4（約50g）
  │ ▶室温に戻す
  └ わさび（すりおろし）…小さじ1
▶バターを混ぜてクリーム状にし、
わさびを加えてよく混ぜる

わさび（すりおろし）…適量

◎刺し身は好みの白身魚で。2種類をミックスしてもおいしいです。

作り方

1 すべての食パンの内側になる面にわさびバターを塗る。食パン2枚に焼きのりを敷き、Aの野菜をそれぞれ縦長にのせ、刺し身を並べてわさびをのせる。残りの食パンを1枚ずつ重ねてはさむ。

2 手のひらで軽く押さえて落ち着かせる。食パンのみみを切り落とし、食べやすい大きさに切る。

冷や汁風サンド

材料と下準備（2人分）

食パン（8枚切り）…4枚

あじの干もの…大1枚（頭、皮、骨を取って75g）

豆腐ペースト
  ┌ 木綿豆腐…1/2丁（150g）
  │   A ┌ 練りごま（白）…大さじ1
  │   └ みそ…大さじ2

青じそ…4枚

みょうが…2個
▶縦薄切りにして冷水にさらし、
パリッとしたら水けをよくきる

バター…大さじ4（約50g）
▶室温に戻し、混ぜてクリーム状にする

◎あじの代わりにかますの干ものでも。さらに手軽に
したい場合は鮭フレークでもOKです。

作り方

1 豆腐ペーストを作る。鍋に湯を沸かして豆腐を入れ、再び沸騰してから30秒ほどゆで、ざるに上げて水けをきり、冷ます。フードプロセッサーに入れ、Aを加えてペースト状になるまで攪拌する。

2 魚焼きグリルを強火で熱し、あじをのせて10分ほど焼く。火が通ったら粗熱をとり、頭、皮、骨を取り除き、身を粗くほぐす。

3 すべての食パンの内側になる面にバターを塗る。食パン2枚にはさらに1を塗り、青じそを並べ、2とみょうがをのせる。残りの食パンを1枚ずつ重ねてはさむ。

4 手のひらで軽く押さえて落ち着かせる。食パンのみみを切り落とし、食べやすい大きさに切る。

ご ち そ う サ ン ド
〜たまにはぜいたくに〜

ステーキサンド

材料と下準備（2人分）

食パン（8枚切り）…4枚

牛もも肉（ステーキ用）…2枚（240g）
▶室温に戻し、塩・こしょう各少々をふる

クレソン…1束
▶葉を摘む

玉ねぎ…1/2個
▶縦薄切りにして冷水にさらし、
パリッとしたら水けをよくきる

ポテトチップス…15g

オリーブオイル…大さじ1

バター…大さじ3（約35g）
▶室温に戻し、混ぜてクリーム状にする

粒マスタード…大さじ2

◎ポテトチップスは好みですが、入れると
食感にメリハリがつきます。

作り方

1 フライパンにオリーブオイルを強火で
熱し、牛肉を1分ほど焼き、弱火にし
て2分ほど焼く。上下を返して同様に
焼き、アルミホイルに取り出して包
み、20分ほどおく。

2 食パンはオーブントースターで軽く焼
く。

3 すべての食パンの内側になる面にバ
ターを塗る。食パン2枚にはさらに粒
マスタードを塗り、クレソン、1、玉ね
ぎの順にのせ、ポテトチップスを粗く
砕きながらのせる。残りの食パンを
1枚ずつ重ねてはさむ。

4 ラップをかぶせてバットなどをのせ、2
〜3分おいて落ち着かせ、食べやす
い大きさに切る。

牛肉は、ももやランプなどの脂肪が少なく、
赤身が多い部位を使うのがおすすめです。
焼き加減はお好みで。
加熱後はアルミホイルで包み、
肉汁やうま味をなじませましょう。

生ハム、カマンベール、メロンのサンド

材料と下準備（2人分）

食パン（12枚切り）…4枚

生ハム…40g
▶食パンの大きさに合わせて切る

カマンベールチーズ…80g
▶厚さ6mmに切る

メロン…100g
▶厚さ8mmに切る

バター…大さじ3（約35g）
▶室温に戻し、混ぜてクリーム状にする

粗びき黒こしょう…少々

◎メロンの代わりに生のいちじくでも合います。

作り方

1 すべての食パンの内側になる面にバターを塗る。食パン2枚に生ハム、メロン、カマンベールチーズの順にのせ、粗びき黒こしょうをふり、残りの食パンを1枚ずつ重ねてはさむ。

2 手のひらで軽く押さえて落ち着かせる。食パンのみみを切り落とし、食べやすい大きさに切る。

具材が薄めなので10〜12枚切りの食パンのほうが食べたときのバランスがよさそうです。水分のあるメロンは切ってから水けを拭きましょう。

鴨のソテーと
マーマレードのサンド

材料と下準備（2人分）

食パン（8枚切り）…4枚

合鴨胸肉…1枚（200g）
▶室温に戻し、皮目を上にして縦長に置き、切り込みを4〜5本入れ、塩・こしょう各少々をふる

マーマレード…大さじ4

イタリアンパセリ…適量

サラダ油…大さじ1/2

バター…大さじ4（約50g）
▶室温に戻し、混ぜてクリーム状にする

こしょう…少々

◎マーマレードの代わりにあんずジャムでもおいしいです。

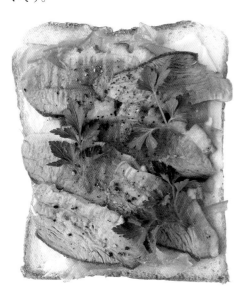

作り方

1 フライパンにサラダ油を中火で熱し、鴨肉の皮目を下にして入れ、4〜5分焼き、上下を返して3〜4分焼く。ふたをして弱火で3分ほど蒸し焼きにし、アルミホイルに取り出して包み、30分ほどおく。厚さ8mmのそぎ切りにする。

2 すべての食パンの内側になる面にバターを塗る。食パン2枚にはさらにマーマレードを塗り、1をのせてこしょうをふり、イタリアンパセリをちぎりながら散らす。残りの食パンを1枚ずつ重ねてはさむ。

3 手のひらで軽く押さえて落ち着かせる。食パンのみみを切り落とし、食べやすい大きさに切る。

余分な脂が抜けやすいよう、鴨肉の皮目に切り込みを入れておきます。焼いたあとはアルミホイルで包み、肉汁を落ち着かせてから薄めに切りましょう。

ラムとミントのサンド

相性抜群のラム肉とクミンの組み合わせ。ミントと香菜もいっしょにはさみ、ラム肉のおいしさをより引き立てます。

材料と下準備（2人分）

胚芽食パン（12枚切り）…4枚

ラムのクミンソテー

A
- ラムもも薄切り肉…200g
- クミンシード…小さじ1
- にんにく（すりおろし）…少々
- 白ワイン（または酒）…大さじ1
- オリーブオイル…大さじ1
- 塩…小さじ1/4
- こしょう…少々

▶ボウルにラム肉を入れ、残りの材料を加えて手でもみ込み、10分ほどおく

紫玉ねぎ（または玉ねぎ）…1/2個

▶縦薄切りにして冷水にさらし、パリッとしたら水けをよくきる

B
- ごま油…大さじ1
- レモン果汁…大さじ1/2
- ナンプラー…大さじ1/2

ミントの葉…適量

香菜…適量

▶長さ2cmに切る

からしバター
- バター…大さじ3（約35g）
  ▶室温に戻す
- マスタード…小さじ1～2

▶バターを混ぜてクリーム状にし、マスタードを加えてよく混ぜる

◎ラム肉の代わりに牛肉で作ってもおいしいです。食パンも好みのもので構いません。

作り方

1 ラムのクミンソテーを作る。フライパンを中火で熱し、Aをほぐすように炒める。火が通ったらボウルに取り出し、紫玉ねぎとBを加えて混ぜる。

2 すべての食パンの内側になる面にからしバターを塗る。食パン2枚に1、ミント、香菜をのせ、残りの食パンを1枚ずつ重ねてはさむ。

3 手のひらで軽く押さえて落ち着かせ、食べやすい大きさに切る。

豚角煮サンド

材料と下準備（2人分）

食パン（4枚切り）…2枚
▶半分に切り、切り口から深い切り込みを入れてポケット状にする

豚の角煮 ※作りやすい分量

　豚バラかたまり肉…400g
　▶長さを半分に切り、室温に戻す

　水…400mℓ

　A ┌ 長ねぎの青い部分…1本分
　　├ しょうがの皮…1かけ分
　　└ 酒…大さじ2

　B ┌ 砂糖…大さじ1
　　└ しょうゆ…大さじ3

サニーレタス…小2枚
▶食パンの大きさに合わせて切る

長ねぎ…3cm
▶縦半分に切ってから斜め薄切りにし、冷水にさらし、パリッとしたら水けをよくきる

香菜…適量
▶長さ6cmに切る

からしバター

　バター…大さじ3（約35g）
　▶室温に戻す

　マスタード…小さじ1〜2
▶バターを混ぜてクリーム状にし、マスタードを加えてよく混ぜる

練りからし…適量

◎残りの豚の角煮は煮汁ごと保存容器に移して冷まし、冷蔵保存してください。保存の目安は3〜4日です。
◎もっと手軽に作りたい場合は市販の角煮や焼き豚を使用しても。

作り方

1 豚の角煮を作る。鍋に豚肉と水を入れて強火で熱し、煮立ってきたらAを加える。再び煮立ってきたら、ふたをして弱火で1時間ほどゆでる。火を止め、長ねぎの青い部分としょうがの皮を取り出し、冷めたら鍋ごと冷蔵室に入れ、ひと晩おく。

2 表面の白い脂を取り除いて中火で熱し、煮立ってきたらBを順に加え、ふたをして弱火で30分ほど煮る。豚の角煮のでき上がり。詰める分を取り出して汁けを拭き、食パンの大きさに合わせて切る。

3 食パンのポケットの内側にからしバターを塗り、2、サニーレタス、長ねぎ、香菜を詰め、練りからしをかける。

豚肉はやわらかくなるまでしっかり下ゆでしましょう。冷やしてから余分な脂を取り除くことで、重すぎず、それでいて満足感ある味に仕上がります。

ホットサンド
~心も体も温まるおいしさ~

ホットドッグ風サンド

材料と下準備（2人分）

食パン（4枚切り）…2枚
▶半分に切り、切り口から深い切り込みを
入れてポケット状にする

フランクフルトソーセージ…4本
▶両面に浅い切り込みを斜めに入れる

キャベツ…小3枚（150g）
▶せん切りにする

サラダ油…少々＋大さじ1

塩、こしょう…各少々

からしバター
┃　バター…大さじ3（約35g）
┃　▶室温に戻す
┃　マスタード…小さじ1〜2
▶バターを混ぜてクリーム状にし、
マスタードを加えてよく混ぜる

トマトケチャップ、マスタード…各適量

◎フランクフルトソーセージ4本の代わりにウインナ
ソーセージ8本で作っても。
◎食パンは包丁がみみに当たるところまで切り込み
を入れると具材が詰めやすいです。焼いてから切り
込みを入れると割れやすくなります。

作り方

1　フライパンにサラダ油少々を中火で
熱し、ソーセージの両面を色よく焼
き、取り出す。

2　1のフライパンにサラダ油大さじ1を
たして中火で熱し、キャベツを炒め、
しんなりしたら塩、こしょうをふる。

3　食パンはオーブントースターで軽く焼
く。

4　食パンのポケットの内側にからしバタ
ーを塗り、2、1の順に詰め、トマトケ
チャップとマスタードをかける。

ホットドッグを食パンで作ります。
勢いよくはみ出すくらいにソーセージを詰めましょう。
キャベツはせん切りにして炒めることでたっぷり入れられます。

ハンバーガー風サンド

材料と下準備(2人分)

食パン(8枚切り)…4枚

ハンバーグ

合いびき肉…250g

玉ねぎ…小1/2個(50g)
▶みじん切りにして耐熱容器に入れ、
バター小さじ1をのせ、ラップをせずに
電子レンジで30秒ほど加熱して冷ます

A
┌ 生パン粉…15g
└ 牛乳…大さじ2
▶パン粉に牛乳を加えて湿らせる

B
┌ 卵…1/2個分
│ 塩…小さじ1/3
└ こしょう、ナツメグ…各少々

サラダ油…少々

C
┌ 赤ワイン…大さじ1
│ トマトケチャップ…大さじ2
└ ウスターソース…大さじ1

塩、こしょう…各少々

スライスチーズ(モッツァレラ)…2枚

レタス…2枚
▶食パンの大きさに合わせて切る

トマト…1個
▶厚さ1cmの輪切りにする

玉ねぎ(厚さ5mmの輪切り)…6〜8枚

からしバター

バター…大さじ3(約35g)
▶室温に戻す

マスタード…小さじ1〜2
▶バターを混ぜてクリーム状にし、
マスタードを加えてよく混ぜる

作り方

1 ハンバーグを作る。ボウルにひき肉、玉ねぎ、A、Bを入れ、粘りが出るまで混ぜる。2等分にして、薄くて大きめの小判形に整える。

2 フライパンにサラダ油を中火で熱し、1を並べて2〜3分焼く。上下を返して2〜3分焼き、ふたをして弱火で4〜5分蒸し焼きにする。ふたを取り、Cを順に加えて混ぜ、弱火のまま煮詰め、ソースがとろりとしたら塩、こしょうで味を調える。ハンバーグのでき上がり。

3 オーブントースターの受け皿に2を並べ、スライスチーズを半分に折ってのせ、チーズが溶けるまで焼く。

4 食パンはオーブントースターで軽く焼く。

5 すべての食パンの内側になる面にからしバターを塗る。食パン2枚にレタス、トマト、3、玉ねぎの順にのせ、残りの食パンを1枚ずつ重ねてはさむ。

6 手のひらで軽く押さえて落ち着かせ、食べやすい大きさに切る。

◎ハンバーグは市販品を使用してもOK。その場合はフライパンに入れ、Cの赤ワインを加えて弱火で温め、トマトケチャップとウスターソースをからめ、塩、こしょうで味を調えます。

ハンバーグをオーブントースターで軽く焼き、
重ねたチーズを溶かしてから
食パンにはさむのがポイントです。

チーズはエダムや
エメンタール、
グリュイエールが
おすすめです。

目玉焼きが
加わると、
「ムッシュ」が
「マダム」に変身。
朝食にもぜひ。

70

クロックムッシュ

材料と下準備(2人分)
食パン(8枚切り)…4枚
ロースハム…4枚
スライスチーズ(エメンタール)
　…4枚
エメンタールチーズ…50g
▶すりおろす
ベシャメルソース
　バター…大さじ2
　小麦粉…大さじ2
　牛乳(冷たいもの)…200㎖
　塩…小さじ1/4
　こしょう…少々
バター…大さじ2(約25g)
▶室温に戻し、混ぜてクリーム状にする

作り方
1　ベシャメルソースを作る。小鍋にバターを弱めの中火で焦がさないように溶かし、泡立ってきたら小麦粉をふり入れ、弱火で焦がさないように木べらでよく炒める。さらさらになったら牛乳を一度に加え、中火にして泡立て器で混ぜる。煮立ってきたら塩、こしょうを加え、弱火にして木べらで混ぜながらとろりとするまで煮詰める。火を止め、粗熱をとる。
2　すべての食パンの内側になる面にバターを塗る。食パン2枚にハム、スライスチーズの順に2枚ずつのせ、残りの食パンを1枚ずつ重ねてはさむ。さらに上面に1を塗り、エメンタールチーズをのせる。
3　オーブントースターの受け皿に2を並べ、表面に焼き色がつくまで焼く。

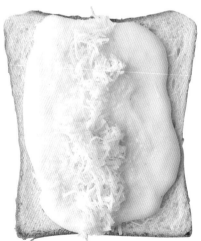

クロックマダム

材料と作り方(2人分)
「クロックムッシュ」を作る。フライパンにオリーブオイル大さじ1を中火で熱し、卵2個を1個ずつ割り落として焼く。好みの焼き加減になったらクロックムッシュにのせる。

しらすとチーズの塩けが
ほどよく効いているので
お酒とも好相性。

3種類のチーズで
濃厚かつリッチな
味に仕上げました。

3種のチーズのホットサンド

材料と下準備（2人分）

食パン（8枚切り）…4枚

スライスチーズ（ゴーダ）…2枚＋1枚

▶2枚はそのまま使用し、1枚はちぎる

モッツァレラチーズ…60g

▶厚さ5mmに切る

ブルーチーズ（ゴルゴンゾーラなど）…30g

▶ちぎる

バター…大さじ4（約50g）

▶室温に戻し、混ぜてクリーム状にする

はちみつ…大さじ2

粗びき黒こしょう…少々

作り方

1 すべての食パンの内側になる面にバターを大さじ1/2ずつ塗る。食パン2枚にちぎっていないスライスチーズ、モッツァレラチーズの順にのせ、ちぎったスライスチーズとブルーチーズを散らし、はちみつをかけて粗びき黒こしょうをふる。残りの食パンを1枚ずつ重ねてはさみ、手のひらで軽く押さえて落ち着かせる。

2 ホットサンドメーカーの片面にバター大さじ1/2を塗り広げ、1の1組を入れ、サンドイッチの上面にバター大さじ1/2を塗る。閉じて中火で3〜4分焼き、弱火にして3分ほど焼く。上下を返し、もう片面も同様に焼く。残りの1組も同様に焼き、食べやすい大きさに切る。

◎チーズは好みのものでOK。ブルーチーズは相性のいいはちみつとセットでぜひ。
◎ホットサンドメーカーは直火式を使用。ない場合は、フライパンにバターを溶かし、サンドイッチに重し（重量のあるふたや皿など）をのせて焼いても。

アボカドとしらすのホットサンド

材料と下準備（2人分）

食パン（8枚切り）…4枚

アボカド…1個

▶厚さ5mmの半月切りにし、レモン果汁大さじ1、塩・こしょう各少々をふる

しらす干し…40g

シュレッドチーズ…40g

バター…大さじ4（約50g）

▶室温に戻し、混ぜてクリーム状にする

◎シュレッドチーズの種類は好みのものでOK。

作り方

1 すべての食パンの内側になる面にバターを大さじ1/2ずつ塗る。食パン2枚にアボカド、しらす、シュレッドチーズの順にのせ、残りの食パンを1枚ずつ重ねてはさみ、手のひらで軽く押さえて落ち着かせる。

2 ホットサンドメーカーの片面にバター大さじ1/2を塗り広げ、1の1組を入れ、サンドイッチの上面にバター大さじ1/2を塗る。閉じて中火で3〜4分焼き、弱火にして3分ほど焼く。上下を返し、もう片面も同様に焼く。残りの1組も同様に焼き、食べやすい大きさに切る。

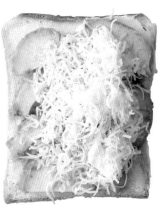

スイーツサンド
~デザートにぜひ~

フルーツサンド

材料と下準備（2人分）

食パン（8枚切り）…4枚

いちご…6個（120g）

マスカット（皮ごと食べられて
　種のないもの）…6粒（120g）

A ┌ 生クリーム…135㎖
　└ グラニュー糖…大さじ2

バター（無塩）…大さじ4（約50g）

▶室温に戻し、混ぜてクリーム状にする

◎ホイップクリームは絞り出し袋に入れて絞ったほうが作業がスムーズです。
◎スイーツサンドの食パンに塗るバターは無塩を使用します。

作り方

1　ボウルにAを入れ、ボウルの底を氷水にあてながら泡立て器で泡立てる。とろみが強くなり、すくうとつのがすっと立つくらいになったら、丸口金をセットした絞り出し袋に入れる。

2　すべての食パンの内側になる面にバターを塗る。食パン2枚に1を1/4量ずつ絞り出し、いちごとマスカットを交互に並べ、残りの1を等分に絞り出す。残りの食パンを1枚ずつ重ねてはさむ。

3　手のひらで軽く押さえて落ち着かせる。食パンのみみを切り落とし、食べやすい大きさに切る。

フルーツは好みのものでOK。2種類以上使用するときは、一直線に並べ、中央を断ち切ると断面がきれいです。できるだけ厚みが同じくらいになるようにしましょう。

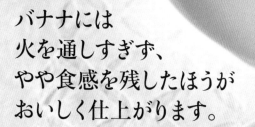

バナナには
火を通しすぎず、
やや食感を残したほうが
おいしく仕上がります。

りんごは食べやすいように
小さめに切り、やわらかくなるまで
蒸し煮にしましょう。

バナナサンド

材料と下準備(2人分)

食パン(8枚切り)…4枚

バナナのソテー

  バナナ…1と1/2本

  ▶1本のものは長さを半分に切ってから縦半分に切る

  バター…大さじ1

  A ┌ グラニュー糖…大さじ1
     │ レモン果汁…大さじ1
     └ シナモンパウダー…少々

バター(無塩)…大さじ3(約35g)

▶室温に戻し、混ぜてクリーム状にする

◎バナナのソテーを無塩バターで焼く場合は、Aに塩少々を加えてください。

作り方

1　バナナのソテーを作る。フライパンにバターを中火で溶かし、バナナを並べて両面をさっと焼き、薄い焼き色がついたらAを加えてからめる。

2　すべての食パンの内側になる面にバターを塗る。食パン2枚に1を並べ、残りの食パンを1枚ずつ重ねてはさむ。

3　手のひらで軽く押さえて落ち着かせる。食パンのみみを切り落とし、食べやすい大きさに切る。

りんごサンド

材料と下準備(2人分)

食パン(8枚切り)…4枚

りんごのワイン蒸し

  りんご…1個

  ▶皮つきのまま1cm角に切る

  バター…大さじ1

  A ┌ 白ワイン(または酒)…大さじ2
     │ グラニュー糖…大さじ1〜2
     └ レモン果汁…大さじ1

バター(無塩)…大さじ3(約35g)

▶室温に戻し、混ぜてクリーム状にする

クリームチーズ…35g

▶室温に戻す

◎りんごは酸味のある紅玉がおすすめですが、好みのものでも。
◎りんごのワイン蒸しを無塩バターで炒める場合は、Aに塩少々を加えてください。

作り方

1　りんごのワイン蒸しを作る。鍋にバターを弱めの中火で焦がさないように溶かし、りんごを焦がさないように炒める。しんなりしたらAを加えて混ぜ、ふたをして弱火で5〜6分蒸し煮にして、そのまま冷ます。

2　すべての食パンの内側になる面にバターを塗る。食パン2枚にはさらにクリームチーズを塗り、1をのせ、残りの食パンを1枚ずつ重ねてはさむ。

3　手のひらで軽く押さえて落ち着かせる。食パンのみみを切り落とし、食べやすい大きさに切る。

スイートポテト風サンド

材料と下準備(2人分)

食パン(12枚切り)…4枚

焼きいも(市販品)…1本分(皮つきで200g)

▶耐熱皿にのせ、ふんわりラップをして電子レンジで
2分ほど加熱し、皮をむいて厚さ2cmの輪切りにする

A ┌ 牛乳…大さじ4
  │ 生クリーム(または牛乳)…大さじ3
  └ 砂糖…大さじ2

バター(無塩)…大さじ3(約35g)

▶室温に戻し、混ぜてクリーム状にする

◎焼きいもの代わりにさつまいもを蒸したものでもおいしいです。
◎具材がペースト状なので食パンは軽く焼いてカリッとさせ、食感のコントラストを楽しみます。

作り方

1 フードプロセッサーに焼きいもとAを入れ、ペースト状になるまで攪拌する。
2 食パンはオーブントースターで軽く焼く。
3 すべての食パンの内側になる面にバターを塗る。食パン2枚にはさらに1を塗り、残りの食パンを1枚ずつ重ねてはさむ。
4 手のひらで軽く押さえて落ち着かせる。食パンのみみを切り落とし、食べやすい大きさに切る。

市販品の焼きいもを使って手軽に作ります。
さつまいもによって水分量が異なるので、
牛乳や生クリームは、
状態をみつつ量を調節しましょう。

大庭英子

料理研究家。40年以上にわたって料理雑誌や書籍を中心に活動し、簡単でおいしいレシピを数多く発表してきた。シンプルで力強いおいしさのその料理には業界内にも熱烈なファンが多い。著書に『68歳、ひとり暮らし。きょう何食べる?』(家の光協会)など多数。

調理補助　武田昌子
撮影　福尾美雪
スタイリング　吉岡彰子
デザイン　川崎洋子
文　佐藤友恵
校閲　泉敏子　河野久美子
編集　小田真一

**読者アンケートに
ご協力ください**

この度はお買い上げいただきありがとうございました。『サンドイッチ』はいかがだったでしょうか?　右上のQRコードからアンケートにお答えいただけると幸いです。今後のより良い本作りに活用させていただきます。所要時間は5分ほどです。

*このアンケートは編集作業の参考にするもので、ほかの目的では使用しません。詳しくは当社のプライバシーポリシー(https://www.shufu.co.jp/privacy/)をご覧ください。

サンドイッチ

著　者　大庭英子
編集人　束田卓郎
発行人　殿塚郁夫
発行所　株式会社主婦と生活社
〒104-8357 東京都中央区京橋 3-5-7
[編集部] ☎ 03-3563-5129
[販売部] ☎ 03-3563-5121
[生産部] ☎ 03-3563-5125
https://www.shufu.co.jp
jituyou_shufusei@mb.shufu.co.jp

製版所　東京カラーフォト・プロセス株式会社
印刷所　共同印刷株式会社
製本所　株式会社若林製本工場

ISBN978-4-391-16182-3